Eva Harlé

CRUMB CAKES

Photographies : Maud Argaïbi
Stylisme : Soizic Chomel de Varagnes

hachette
CUISINE

SOMMAIRE

INTRODUCTION

En anglais, « crumble » signifie « émietter, effriter ». C'est un mélange de beurre, sucre et farine que l'on émiette grossièrement. Cuit, le crumble est très croustillant !

En Allemagne, on parle plutôt de « streusel » ; on y trouve souvent de la poudre d'amandes en plus.

Le crumb cake est un célèbre gâteau américain. C'est un gâteau moelleux sur lequel est déposé du crumble bien croustillant. Il peut être parfumé à la cannelle ou bien garni de fruits (myrtilles, framboises...).

En Allemagne, il existe beaucoup de gâteaux différents saupoudrés de streusel. La plupart des « streuselkuchen » sont composés d'un moelleux recouvert de crème pâtissière, de fruits et saupoudrés de crumble.

Dans cet ouvrage, j'ai réalisé 30 recettes de délicieux gâteaux au crumble avec même quelques recettes salées !

Bonne lecture gourmande !

GÂTEAU MOELLEUX

Pour 1 gâteau • Préparation : 15 min • Cuisson : 30 à 35 min • Difficulté : Facile • Coût : Bon marché

Les Ingrédients

Œufs 3
Sucre en poudre .... 130 g
Beurre fondu .... 100 g
Fromage blanc .... 50 g
Farine .... 170 g
Levure chimique .... 1 cuil. à café

Conseil

Vous pouvez parfumer votre pâte avec de la vanille liquide, un zeste de citron ou d'orange, ou encore une goutte de rhum.

La Recette

1. Fouettez les œufs entiers avec le sucre en poudre jusqu'à ce que le mélange devienne bien crémeux. Ajoutez ensuite le beurre fondu et le fromage blanc. Fouettez la préparation et ajoutez la farine et la levure chimique.

2. Versez la pâte dans un moule rond ou carré beurré et fariné. Enfournez le gâteau pour 30 à 35 min à 180 °C (th. 6). Il doit être bien doré. Pour vérifier la cuisson, plantez la lame d'un couteau dans le gâteau, elle doit ressortir sèche.

CRUMBLE

Pour garnir 1 gâteau • Préparation : 10 min • Cuisson : 25 à 30 min • Difficulté : Facile • Coût : Bon marché

Les Ingrédients

Beurre froid .... 100 g
Sucre roux .... 100 g
Farine .... 140 g

La Recette

1. Dans un saladier, mélangez le beurre, le sucre et la farine du bout des doigts, jusqu'à l'obtention d'une texture sableuse.

2. Déposez le crumble sur le gâteau et faites cuire le crumb cake pendant 25 à 30 min à 180 °C (th. 6) jusqu'à ce qu'il soit doré.

CRUMBLE À L'AMANDE

Pour garnir 1 gâteau • Préparation : 10 min • Cuisson : 25 à 30 min • Difficulté : Facile • Coût : Bon marché

Les Ingrédients

Beurre froid .... 100 g
Sucre roux .... 100 g
Poudre d'amandes .... 40 g
Farine .... 120 g

Variantes

Remplacez la poudre d'amandes par de la poudre de noisettes, du cacao en poudre, des pistaches concassées ou des flocons d'avoine. Vous pouvez ajouter des épices comme de la cannelle par exemple.

La Recette

1. Dans un saladier, mélangez le beurre, le sucre, la poudre d'amandes et la farine du bout des doigts, jusqu'à l'obtention d'une texture sableuse.
2. Déposez le crumble sur le gâteau et faites cuire le crumb cake pendant 25 à 30 min à 180 °C (th. 6) jusqu'à ce qu'il soit doré.

CRUMBLE AU PARMESAN

Pour garnir 1 gâteau • Préparation : 10 min • Cuisson : 25 à 30 min • Difficulté : Facile • Coût : Bon marché

Les Ingrédients

Farine .... 100 g
Parmesan râpé .... 100 g
Beurre froid .... 70 g

Variantes

Vous pouvez remplacer le parmesan par de la chapelure, de la poudre de noisettes, des flocons d'avoine ou encore des pistaches concassées. Vous pouvez également ajouter des herbes ou des épices.

La Recette

1. Mélangez du bout des doigts la farine, le parmesan râpé et le beurre bien froid, jusqu'à l'obtention d'une texture sableuse. Versez le crumble sur le gâteau salé.
2. Faites cuire pendant 25 à 30 min à 180 °C (th. 6) jusqu'à ce que le crumble soit bien doré.

CRUMB CAKE
NATURE

Pour 1 gâteau carré de 24 cm ou rond de 24 cm de diamètre • Préparation : 25 min • Cuisson : 35 min
Difficulté : Facile • Coût : Bon marché

Les Ingrédients

Pour le gâteau

Œufs	3
Sucre en poudre	130 g
Beurre fondu	100 g
Fromage blanc	50 g
Farine	170 g
Levure chimique	1 cuil. à café

Pour le crumble

Beurre froid	100 g
Sucre roux	100 g
Farine	140 g

La Recette

1. Fouettez les œufs entiers avec le sucre en poudre jusqu'à ce que le mélange devienne bien crémeux. Ajoutez ensuite le beurre fondu et le fromage blanc. Fouettez la préparation et ajoutez la farine et la levure chimique.

2. Versez la pâte dans un moule rond ou carré beurré et fariné.

3. Préparez le crumble : dans un saladier, mélangez le beurre, le sucre et la farine du bout des doigts, jusqu'à l'obtention d'une texture sableuse.

4. Répartissez le crumble sur la pâte à gâteau et enfournez pour 35 min à 180 °C (th. 6). Le gâteau doit être bien doré. Pour vérifier la cuisson, plantez la lame d'un couteau dans le gâteau, elle doit ressortir sèche.

5. Laissez refroidir le crumb cake avant de le démouler délicatement. Servez le crumb cake coupé en carrés.

CRUMB CAKE
À LA CANNELLE

Pour 1 gâteau carré de 24 cm ou rond de 24 cm de diamètre • Préparation : 25 min • Cuisson : 35 min
Difficulté : Facile • Coût : Bon marché

Les Ingrédients

Pour le gâteau

Œufs 3
Sucre en poudre .... 130 g
Beurre fondu .... 100 g
Fromage blanc .... 50 g
Farine .... 170 g
Cannelle en poudre .... 1 cuil. à café
Levure chimique .... 1 cuil. à café

Pour le crumble

Beurre froid .... 100 g
Sucre roux .... 100 g
Cannelle en poudre .... 1 cuil. à soupe
Farine .... 140 g

La Recette

1. Fouettez les œufs entiers avec le sucre en poudre jusqu'à ce que le mélange devienne bien crémeux. Ajoutez ensuite le beurre fondu et le fromage blanc. Fouettez la préparation et ajoutez la farine, la cannelle et la levure chimique.

2. Versez la pâte dans un moule rond ou carré beurré et fariné. Préchauffez le four à 180 °C (th. 6).

3. Préparez le crumble : dans un saladier, mélangez le beurre, le sucre, la cannelle et la farine du bout des doigts, jusqu'à l'obtention d'une texture sableuse.

4. Répartissez le crumble sur la pâte à gâteau et enfournez pour 35 min à 180 °C (th. 6). Le gâteau doit être bien doré. Pour vérifier la cuisson, plantez la lame d'un couteau dans le gâteau, elle doit ressortir sèche.

5. Laissez refroidir le crumb cake avant de le démouler délicatement. Servez le crumb cake coupé en carrés.

BROWNIE CRUMB CAKE
AU CHOCOLAT

Pour 1 gâteau carré de 24 cm ou rond de 24 cm de diamètre • Préparation : 25 min • Cuisson : 25 min
Difficulté : Facile • Coût : Bon marché

Les Ingrédients

Pour le brownie

Chocolat noir à pâtisser	120 g
Beurre	100 g
Œufs	2
Sucre	90 g
Farine	50 g
Cerneaux de noix	40 g

Pour le crumble au chocolat

Beurre froid	50 g
Sucre roux	50 g
Cacao amer en poudre non sucré	15 g
Farine	60 g

Note

La quantité de crumble est ici réduite car le brownie est assez plat, il faut donc qu'il n'y ait pas trop de crumble.

La Recette

1. Préparez le crumble au chocolat : dans un saladier, mélangez le beurre, le sucre, le cacao et la farine du bout des doigts, jusqu'à l'obtention d'une texture sableuse. Réservez au réfrigérateur le temps de préparer la pâte à brownie.

2. Préparez la pâte à brownie : faites fondre le chocolat concassé et le beurre coupé en petits cubes au bain-marie ou au micro-ondes. Remuez jusqu'à ce qu'il soit bien lisse. Dans un saladier, fouettez les œufs entiers avec le sucre et la farine. Ajoutez le chocolat fondu et remuez. Concassez grossièrement les cerneaux de noix et ajoutez-les à la préparation.

3. Préchauffez le four à 180 °C (th. 6). Versez la pâte dans un moule préalablement recouvert de papier sulfurisé. Parsemez le brownie de crumble au chocolat.

4. Faites cuire le brownie pendant 25 min à 180 °C (th. 6). Pour vérifier la cuisson, plantez la lame d'un couteau dans la pâte, elle doit ressortir sèche.

5. Laissez refroidir le gâteau avant de le démouler et de le couper en carrés.

BRIOCHE STREUSEL

Pour 1 grosse brioche pour 8 personnes (un moule de 28-30 cm de diamètre) • Préparation : 30 min • Repos : 2 h 10
Cuisson : 30 min • Difficulté : Moyen • Coût : Bon marché

La Recette

1. Préparez la pâte à brioche : émiettez la levure fraîche dans le lait tiède dans un petit bol. Attention, si le lait est trop chaud il va tuer la levure et votre pâte ne lèvera pas !

2. Dans le bol de votre robot ou dans un saladier, mélangez la farine, le sucre en poudre et un peu de sel. Ajoutez le lait, puis les œufs entiers. Pétrissez la pâte jusqu'à ce qu'elle devienne bien homogène. Ajoutez en dernier le beurre ramolli coupé en morceaux et pétrissez la pâte jusqu'à ce qu'il soit totalement incorporé. Couvrez le saladier de film alimentaire et laissez lever la pâte pendant 1 h 30 dans un endroit tiède (à côté du radiateur, par exemple).

3. Pendant ce temps, préparez le crumble : dans un saladier, mélangez la farine, le sucre, la poudre d'amandes, la cannelle et le beurre. Pétrissez la pâte du bout des doigts jusqu'à l'obtention d'une texture sableuse. Laissez reposer au réfrigérateur.

4. Lorsque la pâte à brioche a doublé de volume, versez-la sur le plan de travail légèrement fariné et dégazez-la en appuyant avec le poing sur la pâte. Ajoutez les raisins secs dans la pâte. Versez la pâte dans un moule rond (ou un moule à tarte) préalablement beurré et fariné. Couvrez le moule d'un torchon et laissez à nouveau lever la pâte pendant environ 40 min dans un endroit tiède.

Les Ingrédients

Pour la brioche

Levure fraîche de boulanger .... 20 g
Lait tiède .... 20 cl
Farine .... 500 g
Sucre en poudre .... 125 g
Œufs 3
Beurre mou .... 150 g
Raisins secs .... 100 g
Jaune d'œuf 1
Sel

Pour le crumble

Farine .... 150 g
Sucre en poudre .... 150 g
Poudre d'amandes .... 125 g
Cannelle .... 1 cuil. à café
Beurre .... 150 g

5. Préchauffez le four à 180 °C (th. 6). Badigeonnez la brioche de jaune d'œuf à l'aide d'un pinceau et répartissez le crumble par-dessus.

6. Faites cuire le streusel pendant environ 30 min à 180 °C (th. 6), jusqu'à ce que la brioche soit bien dorée. Laissez-la refroidir sur une grille avant de la déguster.

CRUMB CAKE
AU CITRON

Pour 1 gâteau carré de 24 cm ou rond de 24 cm de diamètre • Préparation : 25 min • Cuisson : 30 min
Difficulté : Facile • Coût : Bon marché

Les Ingrédients

Pour le gâteau

Œufs 3
Sucre en poudre .... 130 g
Beurre fondu .... 90 g
Citron 1
Fromage blanc .... 50 g
Farine .... 180 g
Levure chimique .... 1 cuil. à café

Pour le crumble

Beurre froid .... 100 g
Sucre roux .... 100 g
Zeste de citron 1
Farine .... 140 g

La Recette

1. Prélevez le zeste du citron et réservez-le. Fouettez les œufs entiers avec le sucre en poudre jusqu'à ce que le mélange devienne bien crémeux. Ajoutez ensuite le beurre fondu, le jus du citron et le fromage blanc. Fouettez la préparation et ajoutez la farine, la levure chimique et le zeste du citron.

2. Versez la pâte dans un moule rond ou carré beurré et fariné. Préchauffez le four à 180 °C (th. 6).

3. Préparez le crumble : dans un saladier, mélangez le beurre, le sucre, le zeste du citron et la farine du bout des doigts, jusqu'à l'obtention d'une texture sableuse.

4. Répartissez le crumble sur la pâte à gâteau et enfournez pour 30 min à 180 °C (th. 6). Il doit être bien doré. Pour vérifier la cuisson, plantez la lame d'un couteau dans le gâteau, elle doit ressortir sèche.

CRUMB CAKE MARBRÉ

Pour 1 gâteau carré de 25 cm ou rond de 26 cm de diamètre • Préparation : 35 min • Cuisson : 35 min
Difficulté : Facile • Coût : Bon marché

Les Ingrédients

Pour le gâteau marbré

Œufs ... 4
Sucre en poudre ... 140 g
Beurre fondu ... 180 g
Lait ... 10 cl
Farine ... 280 g
Levure chimique ... 1 sachet
Sucre vanillé ... 1 sachet
Vanille liquide ... 1 cuil. à café
Cacao amer en poudre ... 3 cuil. à soupe

Pour le crumble chocolat

Beurre froid ... 40 g
Sucre roux ... 40 g
Cacao amer en poudre non sucré ... 15 g
Farine ... 60 g

Pour le crumble

Beurre froid ... 40 g
Sucre roux ... 40 g
Farine ... 60 g

La Recette

1. Préparez le gâteau marbré : séparez les blancs d'œufs des jaunes. Dans un saladier, fouettez les jaunes d'œufs avec le sucre en poudre, jusqu'à ce que le mélange blanchisse. Ajoutez ensuite le beurre fondu, le lait, la farine et la levure chimique. Montez les blancs en neige et ajoutez-les délicatement à la préparation.

2. Séparez la pâte dans deux saladiers : dans le premier ajoutez le sucre vanillé et la vanille liquide, et le cacao en poudre dans le second. Mélangez délicatement les pâtes.

3. Préchauffez le four à 180 °C (th. 6). Beurrez et farinez un moule carré et versez les pâtes en alternant les couches. Pour obtenir de belles marbrures, passez doucement la lame d'un couteau pointu dans les deux pâtes.

4. Préparez le crumble au chocolat : dans un saladier, mélangez le beurre, le sucre, le cacao et la farine du bout des doigts, jusqu'à l'obtention d'une texture sableuse. Réservez.

5. Préparez le crumble : dans un saladier, mélangez le beurre, le sucre et la farine du bout des doigts, jusqu'à l'obtention d'une texture sableuse. Réservez.

6. Répartissez les deux crumbles sur la pâte grossièrement et enfournez le gâteau pour 35 min à 180 °C (th. 6). Il doit être bien doré. Pour vérifier la cuisson, plantez la lame d'un couteau dans le gâteau, elle doit ressortir sèche. Laissez refroidir le gâteau avant de le couper en carrés.

CRUMB CAKE
AU PAMPLEMOUSSE

Pour 1 gâteau carré de 20-22 cm ou rond de 20-22 cm de diamètre maximum • Préparation : 25 min
Cuisson : 30 à 35 min • Difficulté : Facile • Coût : Bon marché

Les Ingrédients

Pour le fondant au pamplemousse

Pamplemousse rose 1
Gros œufs 2
Sucre en poudre .... 120 g
Beurre fondu .... 40 g
Poudre d'amandes .... 200 g

Pour le crumble

Beurre froid .... 100 g
Sucre roux .... 100 g
Le zeste d'un demi-pamplemousse
Farine .... 140 g

La Recette

1. Dans un saladier, fouettez les œufs entiers avec le sucre en poudre jusqu'à ce que le mélange blanchisse. Ajoutez le beurre fondu puis la poudre d'amandes.

2. Pressez le pamplemousse rose. Incorporez le jus dans la pâte à gâteau.

3. Versez la préparation dans un moule rond beurré et fariné (moule de maximum 22 cm de diamètre sinon le gâteau sera trop plat). Préchauffez le four à 180 °C (th. 6).

4. Préparez le crumble : dans un saladier, mélangez le beurre, le sucre, le zeste d'un demi-pamplemousse et la farine du bout des doigts, jusqu'à l'obtention d'une texture sableuse.

5. Répartissez le crumble sur le fondant au pamplemousse. Faites cuire le gâteau pendant 30 à 35 min à 180 °C (th. 6), jusqu'à ce qu'il soit doré. Vérifiez la cuisson en plantant la lame d'un couteau dans le gâteau, elle doit ressortir sèche.

CRUMB CAKE
RHUM - RAISINS

Pour 1 gâteau carré de 24 cm ou rond de 24 cm de diamètre • Préparation : 25 min • Cuisson : 30 min
Difficulté : Facile • Coût : Bon marché

Les Ingrédients

Pour le gâteau rhum-raisins

Œufs 3
Sucre en poudre .... 120 g
Beurre fondu .... 100 g
Lait .... 5 cl
Rhum brun .... 2 cuil. à soupe
Farine .... 180 g
Levure chimique .... 1 cuil. à café
Raisins secs blonds .... 100 g

Pour le crumble à l'amande et aux raisins

Beurre froid .... 100 g
Sucre roux .... 100 g
Poudre d'amandes .... 40 g
Raisins secs blonds .... 30 g
Farine .... 120 g

La Recette

1. Préparez le gâteau : fouettez les œufs entiers avec le sucre en poudre jusqu'à ce que le mélange blanchisse et soit bien mousseux. Versez le beurre fondu, le lait et le rhum. Fouettez et ajoutez la farine et la levure chimique en dernier. Remuez jusqu'à ce que la pâte soit bien lisse. Mélangez les raisins secs à la pâte.

2. Versez la pâte dans un moule carré préalablement beurré ou recouvert de papier sulfurisé. Préchauffez le four à 180 °C (th. 6).

3. Préparez le crumble : dans un saladier, mélangez le beurre, le sucre, la poudre d'amandes, les raisins secs et la farine du bout des doigts, jusqu'à l'obtention d'une texture sableuse.

4. Faites cuire le gâteau pendant environ 30 min à 180 °C (th. 6) jusqu'à ce qu'il soit bien doré. Laissez-le refroidir.

CRUMB CHEESECAKE

Pour 6 personnes ? dans un moule de 22 cm de diamètre • Préparation : 25 min • Cuisson : 45 min
Réfrigération : 12 h au minimum • Difficulté : Facile • Coût : Bon marché

Les Ingrédients

Pour le cheesecake

Pour la base

Sablés type Mc Vitie's ou Digestive............. 120 g
Beurre fondu... 40 g

Pour l'appareil

Fromage frais type Philadelphia
(à température ambiante)......................... 350 g
Sucre en poudre....................................... 150 g
Œufs... 2
Vanille liquide.............................. 1 cuil. à café
Citron.. ½

Pour le crumble

Beurre froid.. 100 g
Sucre roux... 100 g
Farine... 140 g

Conseil

Servez le crumb cheesecake avec un coulis de framboise.

La Recette

1. Préparez le crumble : dans un saladier, mélangez le beurre, le sucre et la farine du bout des doigts, jusqu'à l'obtention d'un genre de sable. Réservez au frais en attendant de préparer le cheesecake. Préchauffez le four à 180 °C (th. 6).

2. Préparez la base du cheesecake : écrasez les biscuits et mélangez la poudre obtenue avec le beurre fondu. Tassez le mélange dans un moule à charnières de 22 cm de diamètre à l'aide d'une cuillère. Faites cuire pendant 5 min à 180 °C (th. 6).

3. Préparez ensuite l'appareil du cheesecake : dans un saladier, mélangez le Philadelphia (à température ambiante) avec le sucre en poudre. Ajoutez les œufs entiers, la vanille liquide et le jus du citron. Mélangez la préparation jusqu'à ce qu'elle soit bien lisse.

4. Versez dans le moule et enfournez à 180 °C (th. 6) pendant 15 min. Au bout des 15 min, le cheesecake est encore tremblotant au centre, c'est normal. Sortez-le du four et déposez le crumble au-dessus. Enfournez-le à nouveau pour 25 min, jusqu'à ce que le crumble soit doré.

5. Laissez-le refroidir au réfrigérateur pendant 12 h minimum (entre 12 h et 24 h).

CRUMB CAKE
AUX NOISETTES

Pour 1 gâteau carré de 24 cm ou rond de 24 cm de diamètre • Préparation : 20 min • Cuisson : 30 à 35 min
Difficulté : Facile • Coût : Bon marché

Les Ingrédients

Pour le gâteau aux noisettes

- Beurre .... 65 g
- Sucre en poudre .... 125 g
- Œufs 2
- Lait .... 8 cl
- Poudre de noisettes .... 125 g
- Farine .... 90 g
- Levure chimique .... ½ sachet

Pour le crumble aux noisettes

- Beurre froid .... 100 g
- Sucre roux .... 100 g
- Poudre de noisettes .... 40 g
- Farine .... 120 g

Variante

Ajoutez une cuillerée à soupe de rhum dans la pâte.

La Recette

1. Préparez le gâteau aux noisettes : dans un saladier, mélangez le beurre mou avec le sucre en poudre. Ajoutez les jaunes d'œufs. Lorsque le mélange est bien homogène et lisse, ajoutez le lait, la poudre de noisettes, la farine et la levure chimique. La pâte doit être assez épaisse. Montez les blancs en neige bien ferme et incorporez-les délicatement à la pâte en deux fois. Remuez délicatement à l'aide d'une spatule souple en silicone.

2. Versez la pâte dans un moule rond ou carré de 24 cm préalablement beurré et fariné ou bien recouvert de papier sulfurisé. Préchauffez le four à 180 °C (th. 6).

3. Préparez ensuite le crumble : dans un saladier, mélangez le beurre, le sucre, la poudre de noisettes et la farine du bout des doigts, jusqu'à l'obtention d'une texture sableuse. Versez le crumble sur la pâte à la noisette dans le moule.

4. Faites cuire le gâteau pendant 30 à 35 min à 180 °C (th. 6) jusqu'à ce qu'il soit bien doré. Pour vérifier la cuisson, plantez la lame d'un couteau dans la pâte, elle doit ressortir sèche.

5. Laissez refroidir le gâteau avant de le servir.

CARRÉS AU CRUMBLE ET À LA RHUBARBE

Pour 1 gâteau carré de 24 cm ou rond de 24 cm de diamètre • Préparation : 25 min • Cuisson : 35 min
Difficulté : Facile • Coût : Bon marché

Les Ingrédients

Pour le gâteau

Œufs 3
Sucre en poudre .... 130 g
Beurre fondu .... 100 g
Fromage blanc .... 50 g
Farine .... 170 g
Levure chimique .... 1 cuil. à café
Rhubarbe .... 300 g

Pour le crumble

Beurre froid .... 100 g
Sucre roux .... 100 g
Farine .... 130 g

La Recette

1. Préparez le gâteau : fouettez les œufs entiers avec le sucre en poudre jusqu'à ce que le mélange blanchisse et soit bien mousseux. Versez le beurre fondu et le fromage blanc. Fouettez et ajoutez la farine et la levure chimique en dernier. Remuez jusqu'à ce que la pâte soit bien lisse.

2. Versez la pâte dans un moule carré préalablement beurré ou recouvert de papier sulfurisé. Préchauffez le four à 180 °C (th. 6). Épluchez la rhubarbe et coupez-la en petits tronçons. Déposez les tronçons de rhubarbe sur la pâte à gâteau.

3. Préparez ensuite le crumble : dans un saladier, mélangez le beurre, le sucre et la farine du bout des doigts, jusqu'à l'obtention d'une texture sableuse. Versez le crumble sur la rhubarbe dans le moule.

4. Faites cuire le gâteau pendant 35 min à 180 °C (th. 6), jusqu'à ce qu'il soit bien doré. Pour vérifier la cuisson, plantez la lame d'un couteau à l'intérieur, elle doit ressortir sèche.

5. Laissez totalement refroidir le gâteau avant de le démouler et de le couper en carrés.

CRUMB CAKE
AUX FRUITS ROUGES

Pour 1 gâteau carré de 24 cm ou rond de 24 cm de diamètre • Préparation : 25 min • Cuisson : 35 min
Difficulté : Facile • Coût : Bon marché

Les Ingrédients

Pour le gâteau

Œufs 3
Sucre en poudre .... 130 g
Beurre fondu .... 100 g
Fromage blanc .... 50 g
Farine .... 170 g
Levure chimique .... 1 cuil. à café
Fruits rouges surgelés .... 300 g

Pour le crumble à l'amande

Beurre froid .... 100 g
Sucre roux .... 100 g
Poudre d'amandes .... 40 g
Farine .... 120 g

La Recette

1. Préparez le gâteau : fouettez les œufs entiers avec le sucre en poudre jusqu'à ce que le mélange blanchisse et soit bien mousseux. Versez le beurre fondu et le fromage blanc. Fouettez et ajoutez la farine et la levure chimique en dernier. Remuez jusqu'à ce que la pâte soit bien lisse.

2. Versez la pâte dans un moule carré préalablement beurré ou recouvert de papier sulfurisé. Préchauffez le four à 180 °C (th. 6). Déposez les fruits rouges surgelés sur la pâte à gâteau.

3. Préparez ensuite le crumble : dans un saladier, mélangez le beurre, le sucre, la poudre d'amandes et la farine du bout des doigts, jusqu'à l'obtention d'une texture sableuse. Versez le crumble sur les fruits dans le moule.

4. Faites cuire le gâteau pendant 35 min à 180 °C (th. 6), jusqu'à ce qu'il soit bien doré. Pour vérifier la cuisson, plantez la lame d'un couteau à l'intérieur, elle doit ressortir sèche.

5. Laissez totalement refroidir le gâteau avant de le démouler et de le couper en carrés.

STREUSEL
À LA FRAMBOISE

Pour 1 gâteau carré de 24 cm ou rond de 24 cm de diamètre • Préparation : 25 min • Cuisson : 10 min + 35 min
Difficulté : Facile • Coût : Bon marché

Les Ingrédients

Pour le gâteau

Œufs 3
Sucre en poudre .... 130 g
Beurre fondu .... 100 g
Fromage blanc .... 50 g
Farine .... 170 g
Levure chimique .... 1 cuil. à café

Pour la crème pâtissière

Gousse de vanille 1
Lait .... 25 cl
Jaunes d'œufs 2
Sucre en poudre .... 30 g
Maïzena (fécule de maïs) .... 15 g
Framboises fraîches ou surgelées .... 250 g

Pour le streusel

Beurre froid .... 100 g
Sucre roux .... 100 g
Farine .... 130 g

La Recette

1. Préparez le gâteau : fouettez les œufs entiers avec le sucre en poudre jusqu'à ce que le mélange blanchisse et soit bien mousseux. Versez le beurre fondu et le fromage blanc. Fouettez et ajoutez la farine et la levure chimique en dernier. Remuez jusqu'à ce que la pâte soit bien lisse. Versez la pâte dans un moule préalablement beurré.

2. Préparez ensuite la crème pâtissière : coupez la gousse de vanille dans le sens de la longueur. Grattez les graines. Faites bouillir le lait avec la gousse de vanille. Dans un saladier, mélangez les jaunes d'œufs et le sucre. Fouettez la préparation et ajoutez la Maïzena. Filtrez le lait et versez-le petit à petit dans le saladier. Reversez la préparation dans une casserole et faites chauffer à feu moyen sans cesser de fouetter jusqu'à l'épaississement de la crème.

3. Déposez les framboises sur la pâte à gâteau puis versez la crème pâtissière par-dessus.

4. Préparez le streusel : dans un saladier, mélangez le beurre, le sucre et la farine. Pétrissez le mélange du bout des doigts jusqu'à l'obtention d'une texture sableuse. Répartissez le streusel dans le moule, sur la crème pâtissière.

5. Faites cuire le gâteau pendant 35 min à 180 °C (th. 6), jusqu'à ce que le streusel soit bien doré. Laissez complètement refroidir le gâteau avant de le découper en carrés.

CRUMB CAKE
POMMES - CANNELLE

Pour 1 gâteau carré de 24 cm ou rond de 24 cm de diamètre • Préparation : 25 min • Cuisson : 35 min
Difficulté : Facile • Coût : Bon marché

Les Ingrédients

Pour le gâteau

Œufs ... 3
Sucre en poudre ... 130 g
Beurre fondu ... 100 g
Fromage blanc ... 50 g
Farine ... 170 g
Levure chimique ... 1 cuil. à café
Pommes ... 3

Pour le crumble

Beurre froid ... 100 g
Sucre roux ... 100 g
Cannelle en poudre ... 1 cuil. à soupe
Farine ... 140 g
Sucre glace (pour la décoration)

La Recette

1. Préparez le gâteau : fouettez les œufs entiers avec le sucre en poudre jusqu'à ce que le mélange blanchisse et soit bien mousseux. Versez le beurre fondu et le fromage blanc. Fouettez et ajoutez la farine et la levure chimique en dernier. Remuez jusqu'à ce que la pâte soit bien lisse. Versez la pâte dans un moule carré préalablement beurré ou recouvert de papier sulfurisé.

2. Épluchez les pommes, ôtez le trognon et coupez-les en petits cubes. Déposez les cubes de pommes sur la pâte à gâteau, en les enfonçant légèrement. Préchauffez le four à 180 °C (th. 6).

3. Préparez le crumble : dans un saladier, mélangez le beurre, le sucre, la cannelle et la farine du bout des doigts, jusqu'à l'obtention d'une texture sableuse. Répartissez le crumble sur la pâte à gâteau.

4. Enfournez le gâteau pour 35 min. Il doit être bien doré. Pour vérifier la cuisson, plantez la lame d'un couteau dans le gâteau, elle doit ressortir sèche.

5. Laissez refroidir le crumb cake avant de le saupoudrer généreusement de sucre glace.

CRUMB CAKE
EXOTIQUE ANANAS - COCO

Pour 1 gâteau carré de 24 cm ou rond de 24 cm de diamètre • Préparation : 25 min • Cuisson : 35 min
Difficulté : Facile • Coût : Bon marché

Les Ingrédients

Pour le gâteau

Ananas Victoria 1
Gousse de vanille 1
Œufs 3
Sucre en poudre .... 130 g
Beurre fondu .... 100 g
Vanille liquide .... 1 cuil. à café
Fromage blanc .... 50 g
Farine .... 170 g
Levure chimique .... 1 cuil. à café

Pour le crumble à la noix de coco

Beurre .... 100 g
Sucre roux .... 100 g
Farine .... 80 g
Noix de coco râpée .... 60 g

Variante

Ajoutez une cuillerée à soupe de rhum dans la pâte à gâteau.

La Recette

1. Épluchez l'ananas et coupez-le en petits cubes. Si la partie centrale est trop dure, ôtez-la. Déposez les cubes d'ananas dans un saladier. Fendez la gousse de vanille en deux dans le sens de la longueur, grattez les graines et incorporez-les dans le saladier. Mélangez. Réservez.

2. Préparez le gâteau : fouettez les œufs entiers avec le sucre en poudre jusqu'à ce que le mélange blanchisse et soit bien mousseux. Versez le beurre fondu, la vanille liquide et le fromage blanc. Fouettez et ajoutez la farine et la levure chimique en dernier. Remuez jusqu'à ce que la pâte soit bien lisse.

3. Versez la pâte dans un moule carré préalablement beurré ou recouvert de papier sulfurisé. Préchauffez le four à 180 °C (th. 6). Déposez les cubes d'ananas vanillés sur la pâte.

4. Préparez le crumble : mélangez le beurre froid avec le sucre roux, la farine et la noix de coco râpée. Mélangez la pâte du bout des doigts jusqu'à l'obtention d'une texture sableuse.

5. Répartissez le crumble à la noix de coco sur le gâteau et enfournez pour 35 min à 180 °C (th. 6). Le gâteau doit être bien doré. Pour vérifier la cuisson, plantez la lame d'un couteau dans le gâteau, elle doit ressortir sèche.

6. Laissez le crumb cake refroidir avant de le servir.

CRUMB CAKE
POIRE - CHOCOLAT

Pour 1 gâteau carré de 24 cm ou rond de 24 cm de diamètre • Préparation : 25 min • Cuisson : 35 min
Difficulté : Facile • Coût : Bon marché

Les Ingrédients

Pour le gâteau

Œufs 3
Sucre en poudre .... 130 g
Beurre fondu .... 100 g
Fromage blanc .... 50 g
Farine .... 170 g
Levure chimique .... 1 cuil. à café
Pépites de chocolat .... 50 g
Poires 4

Pour le crumble au chocolat

Beurre froid .... 100 g
Sucre roux .... 100 g
Cacao amer en poudre non sucré .... 30 g
Farine .... 120 g

La Recette

1. Préparez le gâteau : fouettez les œufs entiers avec le sucre en poudre jusqu'à ce que le mélange blanchisse et soit bien mousseux. Versez le beurre fondu et le fromage blanc. Fouettez et ajoutez la farine et la levure chimique en dernier. Remuez jusqu'à ce que la pâte soit bien lisse puis ajoutez les pépites de chocolat. Versez la pâte dans un moule carré préalablement beurré ou recouvert de papier sulfurisé.

2. Épluchez les poires, ôtez le trognon et coupez-les en petits cubes. Déposez les cubes de poires sur la pâte à gâteau, en les enfonçant légèrement. Préchauffez le four à 180 °C (th. 6).

3. Préparez le crumble au chocolat : dans un saladier, mélangez le beurre, le sucre, le cacao et la farine du bout des doigts, jusqu'à l'obtention d'une texture sableuse.

4. Répartissez le crumble sur la pâte à gâteau et enfournez le gâteau pour 35 min à 180 °C (th. 6). Il doit être bien doré. Pour vérifier la cuisson, plantez la lame d'un couteau dans le gâteau, elle doit ressortir sèche.

5. Laissez refroidir avant de servir le crumb cake.

CRUMB CAKE
À LA MYRTILLE ET CRUMBLE À L'AVOINE

Pour 1 gâteau carré de 24 cm ou rond de 24 cm de diamètre • Préparation : 25 min • Cuisson : 35 min
Difficulté : Facile • Coût : Bon marché

Les Ingrédients

Pour le gâteau

Œufs	3
Sucre en poudre	130 g
Beurre fondu	100 g
Fromage blanc	50 g
Farine	170 g
Levure chimique	1 cuil. à café
Myrtilles	250 g

Pour le crumble à l'avoine

Farine	60 g
Flocons d'avoine	100 g
Beurre	100 g
Sucre roux	100 g

La Recette

1. Préparez le crumble à l'avoine : dans un saladier, mélangez la farine, les flocons d'avoine, le beurre et le sucre roux du bout des doigts jusqu'à l'obtention d'une texture sableuse. Réservez.

2. Préparez le gâteau : fouettez les œufs entiers avec le sucre en poudre jusqu'à ce que le mélange blanchisse et soit bien mousseux. Versez le beurre fondu et le fromage blanc. Fouettez et ajoutez la farine et la levure chimique en dernier. Remuez jusqu'à ce que la pâte soit bien lisse.

3. Préchauffez le four à 180 °C (th. 6). Versez la pâte dans un moule carré préalablement beurré ou recouvert de papier sulfurisé. Déposez les myrtilles sur le gâteau et recouvrez de crumble à l'avoine.

4. Enfournez le gâteau pour 35 min à 180 °C (th. 6). Il doit être bien doré. Pour vérifier la cuisson, plantez la lame d'un couteau dans le gâteau, elle doit ressortir sèche.

5. Laissez refroidir avant de servir le crumb cake.

CRUMB CAKE
BANANE - NUTELLA

Pour 1 gâteau carré de 24 cm ou rond de 24 cm de diamètre • Préparation : 25 min • Cuisson : 35 min
Difficulté : Facile • Coût : Bon marché

Les Ingrédients

Pour le gâteau

Œufs 3
Sucre en poudre .... 130 g
Beurre fondu .... 100 g
Fromage blanc .... 50 g
Farine .... 170 g
Levure chimique .... 1 cuil. à café
Bananes 3
Citron .... ½
Nutella .... 150 g

Pour le crumble

Beurre froid .... 100 g
Sucre roux .... 100 g
Cannelle en poudre .... 1 cuil. à café
Farine .... 140 g

La Recette

1. Préparez le gâteau : fouettez les œufs entiers avec le sucre en poudre jusqu'à ce que le mélange blanchisse et soit bien mousseux. Versez le beurre fondu et le fromage blanc. Fouettez et ajoutez la farine et la levure chimique en dernier. Remuez jusqu'à ce que la pâte soit bien lisse.

2. Versez la pâte dans un moule carré préalablement beurré ou recouvert de papier sulfurisé. Préchauffez le four à 180 °C (th. 6).

3. Préparez ensuite le crumble : dans un saladier, mélangez le beurre, le sucre, la cannelle et la farine du bout des doigts, jusqu'à l'obtention d'une texture sableuse.

4. Épluchez les bananes et coupez-les en rondelles. Déposez les rondelles dans un saladier et arrosez-les avec le jus de citron. Déposez les rondelles de bananes sur le gâteau.

5. Versez le Nutella dans un bol, passez-le au micro-ondes quelques secondes pour l'assouplir et répartissez-le sur les rondelles de bananes. Recouvrez le tout de crumble.

6. Faites cuire le gâteau pendant 35 min à 180 °C (th. 6), jusqu'à ce qu'il soit bien doré. Pour vérifier la cuisson, plantez la lame d'un couteau à l'intérieur, elle doit ressortir sèche.

7. Laissez totalement refroidir le gâteau avant de le démouler et de le couper en carrés.

CRUMB CAKE MUFFINS

CRUMB CAKE AU CASSIS ET AU THÉ MATCHA

Pour 12 muffins • Préparation : 25 min • Cuisson : 20 min • Difficulté : Facile • Coût : Bon marché

Les Ingrédients

Pour la pâte

Œufs 3
Sucre en poudre .... 100 g
Beurre .... 80 g
Lait .... 5 cl
Farine .... 150 g
Levure chimique .... 1 cuil. à café
Cassis (frais ou surgelé) .... 120 g

Pour le crumble

Beurre .... 50 g
Sucre roux .... 50 g
Poudre d'amandes .... 15 g
Thé matcha .... 1 cuil. à café bombée
Farine .... 80 g

Variante

Si vous n'avez pas de thé matcha, pas besoin de le remplacer, gardez le crumble nature.

La Recette

1. Préparez la pâte à muffins : fouettez les œufs entiers avec le sucre en poudre jusqu'à ce que le mélange blanchisse et soit bien mousseux. Versez le beurre fondu et le lait. Fouettez et ajoutez la farine et la levure chimique en dernier. Remuez jusqu'à ce que la pâte soit bien lisse.

2. Répartissez la pâte à muffins dans les empreintes à muffins. Déposez le cassis dans la pâte en l'enfonçant légèrement. Préchauffez le four à 180 °C (th. 6).

3. Préparez ensuite le crumble : dans un saladier, mélangez le beurre, le sucre, la poudre d'amandes, le thé matcha et la farine du bout des doigts, jusqu'à l'obtention d'une texture sableuse verte.

4. Répartissez le crumble sur les muffins. Faites cuire les muffins pendant 20 min à 180 °C (th. 6). Pour vérifier la cuisson, plantez la lame d'un couteau dans un muffin, elle doit ressortir sèche. Sinon, prolongez la cuisson de quelques minutes.

5. Laissez refroidir les muffins avant de les déguster !

CRUMB CAKE
FAÇON CLAFOUTIS AUX CERISES

Pour 6 personnes • Préparation : 25 min • Cuisson : 40 min • Difficulté : Facile • Coût : Bon marché

Les Ingrédients

Pour le clafoutis

Cerises (non dénoyautées) .... 500 g
Œufs 3
Sucre en poudre .... 100 g
Farine .... 130 g
Lait .... 50 cl
Beurre .... 1 noix
Sucre en poudre .... 1 cuil. à soupe

Pour le crumble à l'amande

Beurre froid .... 100 g
Sucre roux .... 100 g
Poudre d'amandes .... 40 g
Raisins secs .... 50 g
Farine .... 120 g

Conseil

Gardez les cerises entières, sans enlever le noyau pour qu'elles restent bien juteuses.

La Recette

1. Préchauffez le four à 200 °C (th. 6-7). Rincez les cerises sous l'eau froide et équeutez-les.

2. Dans un saladier, fouettez les œufs entiers avec le sucre. Ajoutez la farine, puis le lait petit à petit. Fouettez la préparation jusqu'à ce qu'elle soit bien lisse. Beurrez un moule à gratin et saupoudrez de sucre en poudre. Déposez les cerises (avec le noyau) dans le plat. Versez la pâte sur les fruits.

3. Préparez le crumble : dans un saladier, mélangez le beurre, le sucre, la poudre d'amandes, les raisins secs et la farine du bout des doigts, jusqu'à l'obtention d'une texture sableuse. Réservez.

4. Faites cuire le clafoutis pendant 20 min à 200 °C (th. 6-7), jusqu'à ce qu'il soit précuit puis sortez le plat du four et déposez le crumble par-dessus.

5. Faites cuire à nouveau le clafoutis pendant 20 min jusqu'à ce que le crumble soit doré. Laissez refroidir avant de déguster.

QUETSCHEKUECHE

Pour 6 personnes (dans un plat carré ou rond de 25 cm de diamètre) • Préparation : 20 min • Cuisson : 50 min
Difficulté : Facile • Coût : Bon marché

Les Ingrédients

Pour les quetsches

Quetsches....................400 g
Eau....................15 cl
Sucre....................30 g

Pour la pâte

Beurre....................125 g
Sucre....................125 g
Farine....................270 g
Œuf....................1
Cannelle....................1 cuil. à café

Conseil

Le quetschekueche (prononcez « quetsche-coure ») est une spécialité de l'Est de la France, qui signifie littéralement « gâteau aux quetsches ».

La Recette

1. Dénoyautez les quetsches. Faites-les cuire dans une casserole à feu doux avec l'eau et 30 g de sucre, pendant 15 min. Réservez.

2. Dans un saladier, mélangez le beurre coupé en petits morceaux, le sucre, la farine, l'œuf et la cannelle. Mélangez du bout des doigts et malaxez jusqu'à obtenir une belle pâte.

3. Préchauffez le four à 180 °C (th. 6). Beurrez et farinez un plat carré de 25 cm. Étalez une partie de la pâte dans le fond du plat en appuyant avec la main pour que la pâte soit bien étalée. Déposez les quetsches égouttées grossièrement et saupoudrez de cannelle. Disposez le reste de pâte comme un crumble sur le dessus en émiettant grossièrement la pâte avec vos doigts.

4. Faites cuire le quetschekueche pendant 35 min à 180 °C (th. 6), jusqu'à ce qu'il soit bien doré.

CRUMB CAKE
AUX MIRABELLES

Pour 1 gâteau carré de 24 cm ou rond de 24 cm de diamètre • Préparation : 25 min • Cuisson : 35 min
Difficulté : Facile • Coût : Bon marché

Les Ingrédients

Pour le gâteau

Œufs 3
Sucre en poudre .... 130 g
Beurre fondu .... 100 g
Fromage blanc .... 50 g
Farine .... 170 g
Levure chimique .... 1 cuil. à café
Mirabelles .... 300 g

Pour le crumble

Beurre froid .... 100 g
Sucre roux .... 100 g
Cannelle en poudre .... 1 cuil. à soupe
Farine .... 140 g

La Recette

1. Préparez le gâteau : fouettez les œufs entiers avec le sucre en poudre jusqu'à ce que le mélange blanchisse et soit bien mousseux. Versez le beurre fondu et le fromage blanc. Fouettez et ajoutez la farine et la levure chimique en dernier. Remuez jusqu'à ce que la pâte soit bien lisse.

2. Versez la pâte dans un moule carré préalablement beurré ou recouvert de papier sulfurisé. Rincez et dénoyautez les mirabelles. Déposez-les dans le moule sur la pâte. Préchauffez le four à 180 °C (th. 6).

3. Préparez le crumble : dans un saladier, mélangez le beurre, le sucre, la cannelle et la farine du bout des doigts, jusqu'à l'obtention d'une texture sableuse.

4. Répartissez le crumble sur les fruits dans le moule. Enfournez le gâteau pour 35 min à 180 °C (th. 6). Il doit être bien doré. Pour vérifier la cuisson, plantez la lame d'un couteau dans le gâteau, elle doit ressortir sèche.

5. Laissez refroidir le crumb cake avant de le déguster.

CRUMB CAKE
AUX FRAISES

Pour 1 gâteau carré de 24 cm ou rond de 24 cm de diamètre • Préparation : 25 min • Cuisson : 35 min
Difficulté : Facile • Coût : Bon marché

Les Ingrédients

Pour le gâteau

Œufs 3
Sucre en poudre .... 130 g
Beurre fondu .... 100 g
Fromage blanc .... 50 g
Farine .... 170 g
Levure chimique .... 1 cuil. à café
Fraises .... 300 g

Pour le crumble

Beurre froid .... 100 g
Sucre roux .... 100 g
Farine .... 140 g

La Recette

1. Préparez le gâteau : fouettez les œufs entiers avec le sucre en poudre jusqu'à ce que le mélange blanchisse et soit bien mousseux. Versez le beurre fondu et le fromage blanc. Fouettez et ajoutez la farine et la levure chimique en dernier. Remuez jusqu'à ce que la pâte soit bien lisse.

2. Versez la pâte dans un moule carré préalablement beurré ou recouvert de papier sulfurisé. Rincez et équeutez les fraises. Coupez-les en petits cubes et déposez les cubes sur la pâte en les enfonçant légèrement dans la pâte. Préchauffez le four à 180 °C (th. 6).

3. Préparez le crumble : dans un saladier, mélangez le beurre, le sucre et la farine du bout des doigts, jusqu'à l'obtention d'une texture sableuse.

4. Répartissez le crumble sur les fraises dans le moule. Enfournez le gâteau pour 35 min à 180 °C (th. 6). Il doit être bien doré. Pour vérifier la cuisson, plantez la lame d'un couteau dans le gâteau, elle doit ressortir sèche.

5. Laissez refroidir le crumb cake avant de le déguster.

CRUMB CAKE
AUX ABRICOTS

Pour 1 gâteau carré de 24 cm ou rond de 24 cm de diamètre • Préparation : 25 min • Cuisson : 35 min
Difficulté : Facile • Coût : Bon marché

Les Ingrédients

Pour le gâteau

Œufs	3
Sucre en poudre	130 g
Beurre fondu	100 g
Fromage blanc	50 g
Farine	150 g
Vanille en poudre	1 cuil. à café
Levure chimique	1 cuil. à café
Abricots	10

Pour le crumble

Beurre froid	100 g
Poudre d'amandes	40 g
Sucre roux	100 g
Farine	120 g

La Recette

1. Préparez le gâteau : fouettez les œufs entiers avec le sucre en poudre jusqu'à ce que le mélange blanchisse et soit bien mousseux. Versez le beurre fondu et le fromage blanc. Fouettez et ajoutez la farine, la vanille et la levure chimique en dernier. Remuez jusqu'à ce que la pâte soit bien lisse.

2. Versez la pâte dans un moule carré préalablement beurré ou recouvert de papier sulfurisé. Préchauffez le four à 180 °C (th. 6). Rincez et dénoyautez les abricots. Coupez-les en cubes et déposez-les sur la pâte à gâteau.

3. Préparez ensuite le crumble : dans un saladier, mélangez le beurre, la poudre d'amandes, le sucre et la farine du bout des doigts, jusqu'à l'obtention d'une texture sableuse. Versez le crumble sur les fruits, dans le moule.

4. Faites cuire le gâteau pendant 35 min à 180 °C (th. 6), jusqu'à ce qu'il soit bien doré. Pour vérifier la cuisson, plantez la lame d'un couteau à l'intérieur, elle doit ressortir sèche.

5. Laissez totalement refroidir le gâteau avant de le démouler et de le couper en carrés.

CRUMB CAKE MUFFINS
AUX MYRTILLES

Pour 12 muffins • Préparation : 20 min • Cuisson : 20 à 25 min • Difficulté : Facile • Coût : Bon marché

Les Ingrédients

Pour les muffins

Sucre en poudre .... 100 g
Farine .... 150 g
Levure chimique .... ½ sachet
Gousse de vanille 1
Beurre fondu .... 100 g
Lait .... 15 cl
Gros œuf 1
Myrtilles fraîches .... 250 g

Pour le crumble

Beurre froid .... 100 g
Poudre d'amandes .... 40 g
Sucre roux .... 100 g
Farine .... 120 g

La Recette

1. Préchauffez le four à 180 °C (th. 6). Dans un saladier, mélangez le sucre, farine, la levure chimique et les graines d'une gousse de vanille. Ajoutez le beurre fondu, le lait et l'œuf. Fouettez la préparation jusqu'à ce qu'elle soit bien lisse.

2. Rincez les myrtilles sous un filet d'eau froide et égouttez-les bien. Ajoutez les myrtilles dans la pâte, en remuant délicatement très peu de temps, juste pour les intégrer à la pâte. Répartissez la pâte dans des empreintes à muffins.

3. Préparez ensuite le crumble : dans un saladier, mélangez le beurre, la poudre d'amandes, le sucre et la farine du bout des doigts, jusqu'à l'obtention d'une texture sableuse. Versez le crumble sur les fruits, dans les empreintes à muffins.

4. Faites cuire les muffins pendant 20 à 25 min à 180 °C (th. 6), jusqu'à ce qu'ils soient bien dorés.

5. Laissez-les refroidir sur une grille avant de les déguster.

GATEAU À LA COURGETTE
ET CRUMBLE AU PARMESAN

Pour 1 gâteau carré de 24 cm ou rond de 24 cm de diamètre • Préparation : 25 min • Cuisson : 30 à 35 min
Difficulté : Facile • Coût : Bon marché

Les Ingrédients

Pour le gâteau

Courgettes (environ 450 g) 2
Œufs 3
Farine .... 60 g
Lait .... 10 cl
Fromage blanc (ou crème) .... 100 g
Origan séché
Sel, poivre

Pour le crumble

Farine .... 100 g
Parmesan râpé .... 100 g
Beurre froid .... 70 g

La Recette

1. Rincez les courgettes et coupez-les en rondelles assez fines. Déposez les rondelles de courgettes dans un plat.

2. Dans un saladier, fouettez les œufs, la farine, le lait et le fromage blanc. Assaisonnez et parsemez d'origan séché. Versez la pâte sur les courgettes, dans le plat. Préchauffez le four à 180 °C (th. 6).

3. Préparez le crumble : mélangez du bout des doigts la farine, le parmesan râpé et le beurre bien froid, jusqu'à l'obtention d'une texture sableuse. Versez le crumble dans le plat.

4. Faites cuire le gâteau pendant 30 à 35 min à 180 °C (th. 6), jusqu'à ce que le crumble soit bien doré. Laissez le gâteau refroidir avant de le couper en carrés.

Conseil

Servez le gâteau tiède ou bien froid et accompagnez-le d'une salade verte, par exemple.

CRUMB CAKE
AU POTIMARRON ET AUX NOISETTES

Pour 1 gâteau carré de 24 cm ou rond de 24 cm de diamètre • Préparation : 25 min • Cuisson : 40 min
Difficulté : Facile • Coût : Bon marché

Les Ingrédients

Pour le gâteau

Potimarron (environ la moitié d'un potimarron)........150 g
Œufs........3
Fromage blanc........100 g
Farine........200 g
Levure chimique........½ sachet
Noisettes........15
Huile d'olive........3 cuil. à soupe
Pincée d'herbes de Provence........1
Sel, poivre

Pour le crumble

Beurre........60 g
Chapelure........30 g
Noisettes concassées........50 g
Farine........100 g

Conseil

Servez le gâteau tiède ou bien froid et accompagnez-le d'une salade verte, par exemple.

La Recette

1. Préparez le gâteau : épluchez le potimarron et coupez-le en petits cubes. Faites revenir les cubes dans 1 cuil. à soupe d'huile d'olive dans une poêle. Ajoutez une pincée d'herbes de provence. Laissez cuire 5 min. Laissez refroidir.

2. Dans un saladier, fouettez les œufs avec le fromage blanc et les 2 dernières cuillerées d'huile d'olive. Lorsque le mélange est bien homogène, ajoutez la farine et la levure chimique. Salez, poivrez. Ajoutez les cubes de potimarron dans la pâte ainsi que les noisettes entières.

3. Versez la pâte dans un moule carré de 24 cm ou rond préalablement beurré et fariné. Préchauffez le four à 180 °C (th. 6).

4. Préparez le crumble : dans un saladier, mélangez le beurre, la chapelure, les noisettes concassées et la farine du bout des doigts, jusqu'à l'obtention d'une texture sableuse.

5. Versez le crumble sur la pâte à gâteau dans le moule. Faites cuire le gâteau pendant 30 à 35 min à 180 °C (th. 6), jusqu'à ce que le crumble soit bien doré.

6. Laissez le gâteau refroidir avant de le couper en carrés.

CLAFOUTIS

AUX TOMATES COMME UN CRUMB CAKE

Pour 6 personnes (dans un moule carré de 25 cm) • Préparation : 25 min • Cuisson : 40 min • Difficulté : Facile
Coût : Bon marché

Les Ingrédients

Pour le clafoutis

Tomates cerise (en fonction de leur taille) 30 à 35
Noix de beurre 1
Œufs 3
Crème liquide .... 20 cl
Lait .... 15 cl
Parmesan râpé .... 100 g
Basilic .... 15 feuilles
Sel, poivre

Pour le crumble au parmesan

Farine .... 100 g
Parmesan râpé .... 100 g
Beurre froid .... 70 g

Conseil

Servez tiède et accompagnez d'une salade verte, par exemple.

La Recette

1. Préparez le clafoutis : beurrez un plat carré de 25 cm. Dans un saladier, fouettez les œufs entiers avec la crème et le lait. Ajoutez le parmesan en fouettant. Salez, poivrez et ajoutez les feuilles de basilic ciselées.

2. Préchauffez le four à 180 °C (th. 6). Rincez et essuyez les tomates cerise. Répartissez-les dans le plat à gratin et versez la préparation par-dessus.

3. Préparez le crumble : mélangez du bout des doigts la farine, le parmesan râpé et le beurre bien froid, jusqu'à l'obtention d'une texture sableuse. Versez le crumble dans le plat.

4. Faites cuire le clafoutis pendant 20 min à 180 °C (th. 6), jusqu'à ce qu'il soit précuit, puis sortez le plat du four et déposez le crumble par-dessus.

5. Faites cuire à nouveau le clafoutis pendant 20 min à 180 °C (th. 6) jusqu'à ce que le crumble soit doré.

PETITS FLANS
À LA CAROTTE ET CRUMBLE AUX NOIX

Pour 4 personnes soit 4 petits flans • Préparation : 30 min • Cuisson : 50 min • Difficulté : Facile • Coût : Bon marché

Les Ingrédients

Pour les flans

Carottes 3
Œufs 2
Crème fraîche .... 2 cuil. à soupe
Persil .... 1 cuil. à soupe
Fromage râpé .... 100 g
Noix muscade
Sel, poivre

Pour le crumble aux noix

Beurre .... 50 g
Chapelure .... 30 g
Noix concassées .... 30 g
Farine .... 80 g

La Recette

1. Préparez les petits flans : épluchez les carottes et coupez-les en rondelles. Faites-les cuire pendant 25 min dans un volume d'eau salée. Réduisez-les en purée ou écrasez-les grossièrement à la fourchette.

2. Dans un saladier, fouettez les œufs entiers avec la crème, salez, poivrez, ajoutez la muscade et le persil, puis la purée de carottes. Ajoutez le fromage râpé en dernier. Répartissez la préparation dans 4 petits ramequins. Déposez les ramequins dans un plat à four que vous remplirez d'eau à moitié.

3. Préparez le crumble : dans un saladier, mélangez le beurre, la chapelure, les noix concassées et la farine du bout des doigts, jusqu'à l'obtention d'une texture sableuse.

4. Faites cuire les petits flans pendant 10 min à 180 °C (th. 6), jusqu'à ce qu'ils soient précuits, puis sortez le plat du four et déposez le crumble par-dessus les flans.

5. Faites cuire à nouveau les petits flans pendant 15 min à 210 °C (th. 7) jusqu'à ce que le crumble soit doré.

6. Laissez tiédir les petits flans avant de les servir.

CRUMB CAKE MUFFINS
AU JAMBON ET POIREAU

Pour 6 gros muffins • Préparation : 25 min • Cuisson : 35 à 40 min • Difficulté : Facile • Coût : Bon marché

Les Ingrédients

Pour les muffins

Poireau 1
Œuf.. 1
Lait .... 15 cl
Parmesan râpé .... 100 g
Farine .... 120 g
Levure chimique .... ½ sachet
Tranches de jambon 2
Huile d'olive .... 1 cuil. à soupe
Sel, poivre

Pour le crumble au parmesan

Farine .... 100 g
Parmesan râpé .... 100 g
Beurre froid .... 70 g

La Recette

1. Coupez le poireau en petits morceaux, et faites-le étuver dans une petite poêle pendant une dizaine de minutes. Dans un saladier, fouettez l'œuf et le lait. Ajoutez le parmesan râpé, la farine, la levure chimique, le sel et le poivre. Remuez bien le tout, et ajoutez le poireau et le jambon coupé en petits morceaux. Versez la préparation dans des moules à muffins. Préchauffez le four à 180 °C (th. 6).

2. Préparez le crumble : mélangez du bout des doigts la farine, le parmesan râpé et le beurre bien froid, jusqu'à l'obtention d'une texture sableuse. Versez le crumble dans le plat.

3. Répartissez le crumble sur les muffins. Faites cuire les muffins pendant 20 à 25 min à 180 °C (th. 6) jusqu'à ce qu'ils soient bien dorés.

4. Laissez les muffins refroidir sur une grille avant de les servir.

Retrouvez les autres titres de la collection

Les
– PETITES RECETTES –
hachette

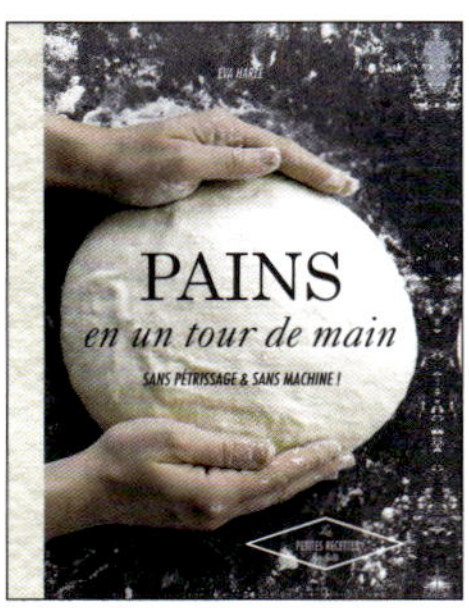

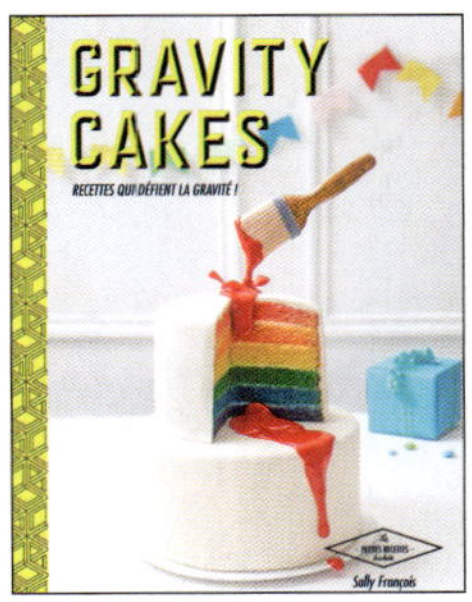

Retrouvez-nous sur Facebook :
facebook.com/hachettecuisine

MESURES ET QUIVALENCES

Mémo pour mesurer les ingrédients sans balance

Ingrédients	1 cuil. à café	1 cuil. à soupe	1 verre à moutarde
Beurre	7 g	20 g	–
Cacao en poudre	5 g	10 g	90 g
Crème épaisse	1,5 cl	4 cl	20 cl
Crème liquide	0,7 cl	2 cl	20 cl
Farine	3 g	10 g	100 g
Gruyère râpé	4 g	12 g	65 g
Liquides divers (eau, huile, vinaigre, alcools)	0,7 cl	2 cl	20 cl
Maïzena®	3 g	10 g	100 g
Poudre d'amandes	6 g	15 g	75 g
Raisins secs	8 g	30 g	110 g
Riz	7 g	20 g	150 g
Sel	5 g	15 g	–
Semoule, couscous	5 g	15 g	150 g
Sucre en poudre	5 g	15 g	150 g
Sucre glace	3 g	10 g	110 g

Pense-bête pour mesurer les liquides

1 verre à liqueur = 3 cl

1 tasse à café = 8 à 10 cl

1 verre à moutarde = 20 cl

1 mug = 30 cl

1 bol = 35 cl

Bon à savoir

1 œuf = 50 g

1 noisette de beurre = 5 g

1 noix de beurre = 15 à 20 g

Bien régler son four

Température (°C)	Thermostat
30	1
60	2
90	3
120	4
150	5
180	6
210	7
240	8
270	9

Merci à Juliette de m'avoir proposé ce titre sur lequel je me suis vraiment éclatée !
Merci à tous les gens qui ont complimenté mes crumb cakes durant tout le mois de juin !
Merci également à Max qui a été très patient...
toi qui n'aimes pas franchement le crumble, tu as été servi !

Eva Harlé
http://www.evacuisine.fr

58, rue Jean Bleuzen — 92178 Vanves Cedex

Direction : Catherine Saunier-Talec
Responsable éditoriale : Céline Le Lamer
Responsable de projet : Juliette Spiteri
Conception intérieure et couverture : Studio-Allez
Réalisation intérieure : Nord Compo
Révision : Claire Fontanieu
Fabrication : Amélie Latsch
Responsable partenariats : Sophie Morier (smorier@hachette-livre.fr)

Dépôt légal : janvier 2016
25-5814-3/01
ISBN : 978-2-01-171373-5
Imprimé en Espagne par Cayfosa